ICS 93.080.99
R18

DB23

黑 龙 江 省 地 方 标 准

DB 23/T 2136—2018

公路沥青路面微表处技术规范

发　布◎黑龙江省质量技术监督局
主　编◎杨洪生　马松林　杨大永
副主编◎李　军　杨玉石　曹丽萍

哈尔滨工业大学出版社

图书在版编目（CIP）数据

公路沥青路面微表处技术规范/杨洪生，马松林，杨大永主编. —哈尔滨：哈尔滨工业大学出版社，2018.12
ISBN 978-7-5603-7894-7

Ⅰ. ①公… Ⅱ. ①杨… ②马… ③杨… Ⅲ. ①沥青路面—公路养护—技术规范—黑龙江省 Ⅳ. ①U418.6-65

中国版本图书馆 CIP 数据核字（2018）第 278722 号

责任编辑　王桂芝
出版发行　哈尔滨工业大学出版社
社　　址　哈尔滨市南岗区复华四道街 10 号 邮编 150006
传　　真　0451-86414749
网　　址　http://hitpress.hit.edu.cn
印　　刷　哈尔滨市工大节能印刷厂
开　　本　880mm×1230mm　1/16　印张 1.25　字数 40 千字
版　　次　2018 年 12 月第 1 版　2018 年 12 月第 1 次印刷
书　　号　ISBN 978-7-5603-7894-7
定　　价　35.00 元

（如因印装质量问题影响阅读，我社负责调换）

DB23/T 2136—2018

前 言

本标准按照GB/T 1.1—2009规定的规则起草。

本标准由黑龙江省交通运输标准化技术委员会提出并归口。

本标准主要起草单位：黑龙江省交通科学研究所、哈尔滨工业大学、黑龙江省高速公路管理局、龙建路桥股份有限公司。

本标准主要起草人：杨洪生、马松林、杨大永、李军、杨玉石、李鹏飞、段玉军、梁旭源、曹丽萍、杨尔倜、王艳、单丽岩、刘丹丹、辛欣、于立泽、任少辉。

DB23/T 2136—2018

目　次

1 范围 ... 1
2 规范性引用文件 ... 1
3 术语和符号 ... 1
　3.1 术语 ... 1
　3.2 符号 ... 2
4 基本规定 ... 2
5 旧路面调查与评价 ... 2
　5.1 一般原则 ... 2
　5.2 微表处适用条件 ... 2
6 材料 ... 3
　6.1 一般规定 ... 3
　6.2 改性乳化沥青 ... 3
　6.3 集料 ... 4
　6.4 填料 ... 5
　6.5 添加剂 ... 5
　6.6 水 ... 6
7 微表处混合料配合比设计 ... 6
　7.1 一般规定 ... 6
　7.2 配合比设计 ... 7
8 微表处施工 ... 7
　8.1 一般规定 ... 7
　8.2 微表处施工 ... 8
9 施工质量标准 ... 10
　9.1 微表处施工过程质量控制 ... 10
　9.2 微表处交工验收质量标准 ... 11
附录 A（规范性附录）旧路面调查 ... 13

DB23/T 2136—2018

公路沥青路面微表处技术规范

1 范围

本标准规定了公路沥青路面微表处技术的术语、基本规定、旧路面调查与评价、材料、微表处混合料配合比设计、微表处施工及施工质量标准等。

本标准适用于公路沥青路面预防性养护工程的微表处设计与施工。

2 规范性引用文件

下列文件对于本文件的应用是必不可少的。凡是标注日期的引用文件，仅所标注日期的版本适用于本文件。凡是不标注日期的引用文件，其最新版本（包括所有的修改单）适用于本文件。

JTG E20 公路工程沥青及沥青混合料试验规程
JTG E42 公路工程集料试验规程
JTG E60 公路路基路面现场测试规程
JTG F40 公路沥青路面施工技术规范
JTG F80/1 公路工程质量检验评定标准 第一册 土建工程
JTG H10 公路养护技术规范
JTG H20 公路技术状况评定标准
JTG H30 公路养护安全作业规程

3 术语和符号

3.1 术语

下列术语和定义适用于本文件。

3.1.1 微表处 micro-surfacing

采用专业机械设备将改性乳化沥青、粗细集料、填料（水泥、石灰、粉煤灰、石粉等）、水和外掺剂等，按设计配合比拌和成流动状态的混合料，通过封层车均匀摊铺于路面之上形成的薄层。

3.1.2 稀浆混合料 slurry mixture

改性乳化沥青、粗细集料、填料、水和外掺剂等，按设计配合比拌和成的浆状混合料。

3.1.3 稠度 consistency

稠度从总体上描述一个物体的流动性，本标准中指反映稀浆混合料施工和易性及用水量的指标。

3.1.4 可拌和时间 mixing time

按照配合比进行稀浆混合料拌和试验时，从掺入改性乳化沥青开始搅拌至混合料开始凝结的时间。

3.1.5 破乳时间 break time

稀浆混合料摊铺到路面至混合料表面用吸水纸轻压后看不到褐色斑点的时间。

3.1.6 黏聚力 cohesion torque

黏聚力是在同种物质内部相邻各部分之间的相互吸引力，在有效应力情况下，将总抗剪强度扣除摩擦强度，即得到黏聚力。本标准中的黏聚力指用黏聚力试验仪模拟车辆行驶时产生的水平力对混合料的

1

影响，试验后其施力手柄上扭力表的读数，用以确定稀浆混合料的初凝时间和开放交通时间。

3.1.7 初凝时间 set time

稀浆混合料从摊铺至混合料黏聚力达到1.2 N·m的时间。

3.1.8 开放交通时间 traffic time

稀浆混合料从摊铺至混合料黏聚力达到2.0 N·m的时间。

3.2 符号

下列符号适用于本文件。
BCR：拌和型阳离子改性乳化沥青
SSI：路面结构强度指数
PCI：路面状况指数
RQI：行驶质量指数
RDI：车辙深度指数
SRI：路面抗滑性能指数

4 基本规定

4.1 沥青路面微表处技术应根据使用目的和路面技术状况评价后使用。
4.2 微表处技术可用于路面预防性养护、车辙填充、抗滑表层、改善行车条件和路容路貌等目的。
4.3 微表处养护使用年限应根据交通等级、原路状况、投资计划等因素合理确定，宜为2～5年。
4.4 根据需要，微表处可以单层铺筑，也可以双层铺筑。
4.5 微表处工程应严格按照现行标准和规范的规定进行设计、施工和质量控制及验收。

5 旧路面调查与评价

5.1 一般原则

5.1.1 应对拟采用微表处进行路面养护的路段进行原路面状况调查（见附录A），并进行分析与评价。
5.1.2 根据调查和分析与评价结果，提出微表处施工前旧路面病害处理要求。
5.1.3 路面结构强度不满足要求的局部路段，应先进行补强处理，然后再进行微表处。
5.1.4 原路面的裂缝、坑槽、龟裂、网裂等病害必须事先进行处理。

5.2 微表处适用条件

5.2.1 应根据路面调查和评价结果，判定是否适合采用微表处进行预防性养护。
5.2.2 微表处预防性养护适合原路面结构强度系数SSI≥0.8，仅在表面层出现轻微病害的路段。
5.2.3 微表处混合料按矿料的公称最大粒径的不同分为MS-2型和MS-3型。MS-2型的公称最大粒径为4.75 mm，适用于中等交通量高速公路，一、二级公路的罩面；MS-3型的公称最大粒径为9.5 mm，适用于高速公路、一级公路的罩面和车辙填充。
5.2.4 应充分考虑使用目的和要求、施工方法、原路面状况、交通量、气候条件等因素，选择微表处类型。
5.2.5 微表处路段包含桥面时，应经论证后再实施桥面的微表处。
5.2.6 适合微表处的条件可参照表1和表2。

5.2.7 拟采用微表处改善行车条件和路容路貌,延缓路面损坏速度的,不受适用条件的限制,可实施微表处,预期使用年限一般为 2 年。

表 1 推荐微表处预防性养护适用条件

技术指标		标准
路面状况指数 PCI	高速公路、一级公路	>85
	二级公路	>80
车辙平均深度/mm		<10
抗滑指标		不满足要求
注：表中路面状况指数和车辙平均深度应同时满足,抗滑不受路面状况指数和车辙平均深度条件限制。		

表 2 推荐微表处填充车辙适用条件

方案编号	方案类型	适用对象及范围
1	单层车辙填充（1.4 m 宽）	车辙两侧无隆起,平均深度<13 mm
2	双层车辙填充（1.0 m+1.4 m 宽）	车辙两侧无隆起,平均深度 13～35 mm
3	精铣刨+微表处罩面修复	车辙两侧有隆起,平均深度<13 mm
4	精铣刨+车辙填充（1.4 m 宽）+微表处罩面修复	车辙两侧有隆起,平均深度 13～25 mm

6 材料

6.1 一般规定

6.1.1 用于微表处的各种材料,应满足相关规范要求。

6.1.2 各种材料进场后必须取样进行质量检验,经评定合格后方可使用。

6.1.3 原材料试验参照 JTG E20、JTG E42 等规范执行。

6.2 改性乳化沥青

6.2.1 微表处必须选用阳离子型聚合物改性乳化沥青,改性剂用量（改性剂有效成分占纯沥青质量百分比）不宜小于 3%。

6.2.2 微表处用改性乳化沥青必须满足"慢裂快凝"要求,保证稀浆混合料有足够的可拌和时间,满足尽快成型、开放交通的要求。

6.2.3 乳化沥青破乳速度不宜过快,保证不出现拌和不均匀和"花白料"现象。

6.2.4 改性乳化沥青应具有足够的储存稳定性,以满足施工周期较长的要求。

6.2.5 微表处用改性乳化沥青应符合表 3 中的技术要求。

表3 微表处用改性乳化沥青技术要求

试验项目		指标范围	试验方法
破乳速度		慢裂	T 0658
电荷		阳离子正电(+)	T 0653
筛上剩余量(1.18 mm 筛)/%		≤0.1	T 0652
恩格拉黏度 E_{25}		3～30	T 0622
沥青标准黏度[①]$C_{25,3}$(s)		12～60	T 0621
蒸发残留物含量/%		≥60	T 0651
蒸发残留物性质	针入度(100 g，25 ℃，5 s) (0.1 mm)	40～100	T 0604
	软化点[②]/℃	≥55	T 0606
	延度(5 ℃)/cm	≥40	T 0605
	溶解度(三氯乙烯)/%	≥97.5	T 0607
贮存稳定性[③]	1 天/%	≤1	T 0655
	5 天/%	≥5	

注1：乳化沥青黏度以恩格拉黏度为准，条件不具备时也可采用沥青标准黏度；
注2：重载交通公路和用于填充车辙时，蒸发残留物的软化点不低于57；
注3：贮存稳定性一般采用1天的标准，乳化沥青生产后能够在第二天用完的也可选用1天的标准。

6.3 集料

6.3.1 微表处用集料应采用生产过程中经过除尘的集料。

6.3.2 微表处用粗细集料技术指标应符合表4的要求。

表4 微表处用粗细集料技术指标

材料名称	项目	标准	试验方法	备注
粗集料	石料压碎值/%	≤26	T 0316	—
	洛杉矶磨耗损失/%	≤28	T 0317	—
	石料磨光值(PSV)	≥42	T 0321	—
	坚固性/%	≤12	T 0314	—
	针片状含量/%	≤15	T 0312	—
细集料	坚固性/%	≤12	T 0340	>0.3 mm 部分
合成矿料	砂当量/%	≥65	T 0334	合成矿料中<4.75 mm 部分

6.3.3 微表处罩面用集料应包含三档料：0～3 mm、3～5 mm 和 5～8 mm，当条件受限时，也可以采用两档料：0～5 mm、5～8 mm；微表处填充车辙用集料应包含两档料：0～5 mm、5～8 mm。

6.3.4 微表处用集料须满足表5和表6的规格要求。

表5 罩面用微表处集料规格要求

筛孔尺寸/mm	通过百分率/%		
	0～3 mm	3～5 mm	5～8 mm
9.5	100	100	100
4.75	100	90～100	0～15

表 5 罩面用微表处集料规格要求（续）

筛孔尺寸/mm	通过百分率/%		
0.3	8～45	—	—
0.15	0～25	—	—
0.075	0～15	<1	<1
2.36	80～100	0～15	0～5
1.18	50～80	0～3	—
0.6	25～60	—	—

表 6 填充车辙用微表处集料规格要求

筛孔尺寸/mm	通过百分率/%	
	0～5 mm	5～9.5 mm
9.5	100	100
4.75	90～100	0～15
2.36	60～90	0～5
1.18	40～75	—
0.6	20～55	—
0.3	7～40	—
0.15	2～20	—
0.075	0～10	<1

6.3.5 微表处用集料级配应符合表 7 和表 8 的规定。

表 7 微表处集料级配要求

级配类型	通过下列筛孔（方孔筛mm）的质量百分率/%							
	9.5	4.75	2.36	1.18	0.6	0.3	0.15	0.075
MS-2	100	90～100	65～90	45～70	30～50	18～30	10～21	5～15
MS-3	100	70～90	45～70	28～50	19～34	12～25	7～18	5～15

表 8 微表处混合料级配稳定性要求

筛孔尺寸/mm	9.5	4.75	2.36	1.18	0.6	0.3	0.15	0.075
允许波动范围/%	—	±5	±5	±5	±5	±4	±3	±2

6.4 填料

6.4.1 微表处集料中可以掺加矿粉、水泥、消石灰等填料。填料应干燥、疏松，无结团，并应符合 JTG F40 中的相关要求。

6.4.2 填料的掺加量必须通过混合料设计试验确定。

6.5 添加剂

6.5.1 为调节微表处混合料的可拌和时间、破乳速度、开放交通时间等，可在混合料中加入添加剂。

6.5.2 添加剂可选择无机盐类添加剂、有机类添加剂等。

6.5.3 添加剂种类和剂量应通过混合料配合比设计确定，添加剂的掺加不应对混合料路用性能产生不利影响。

6.5.4 未经验证的添加剂不得在施工中使用。

6.6 水

6.6.1 微表处混合料用水不得含有有害的可溶性盐类、能引起化学反应的物质和其他污染物，不得使用工业废水、生活废水以及被污染的水，一般采用可饮用水。

7 微表处混合料配合比设计

7.1 一般规定

7.1.1 确定微表处类型后，根据使用要求，进行微表处混合料配合比设计。

7.1.2 微表处混合料配合比应通过完整的配合比试验确定，并有完整的试验记录。

7.1.3 单层微表处常用材料用量可参照表9。

表9 单层微表处常用材料用量

项目	MS-2	MS-3
养生后的厚度/mm[①]	4～6	8～10[②]
集料用量/(kg·m^{-2})	6.0～15.0	10.0～22.0
油石比(沥青占集料质量的百分比)/%	6.5～9.0	6.0～8.5
水泥、消石灰用量(占集料质量的百分比)/%	0～3	
外加水量(占干集料质量的百分比)/%	根据混合料的稠度确定	
注1：按设计文件确定的厚度施工，验收时执行厚度极值-10%～+20%的规定；		
注2：微表处填充车辙可根据实际施工方案确定养生后的厚度，车辙填充后要有3～5 mm的拱度。		

7.1.4 微表处稀浆混合料的技术指标应满足表10的要求。

表10 微表处稀浆混合料技术指标要求

试验项目		标准	试验方法
可拌和时间(25 ℃)/s		≥120	《微表处和稀浆封层技术指南》附录A1
黏聚力试验(N·m)	30 min (初凝时间)	≥1.2	《微表处和稀浆封层技术指南》附录A3
	60 min (开放交通时间)	≥2.0[①]	
湿轮磨耗损失/(g·m^{-2})	浸水1 h	≤540	《微表处和稀浆封层技术指南》附录A4
	浸水6 d	≤800	
负荷车轮黏附砂量/(g·m^{-2})		≤450	《微表处和稀浆封层技术指南》附录A5
轮辙变形试验的宽度变化率[②]/%		≤5	《微表处和稀浆封层技术指南》附录A6
注1：至少为初步成型(见《微表处和稀浆封层技术指南》附录A3)；			
注2：不用于车辙填充的微表处混合料，可不做轮辙试验。			

7.2 配合比设计

7.2.1 微表处稀浆混合料配合比设计可按图1步骤进行。

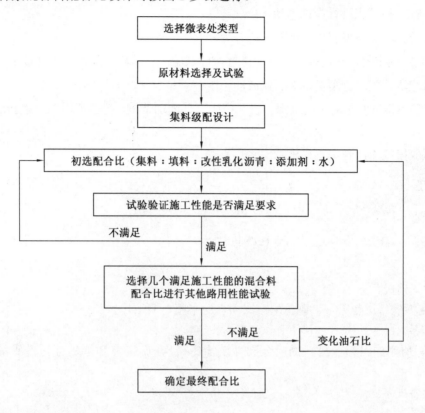

图1 微表处稀浆混合料配合比设计步骤

7.2.2 综合浸水1h湿轮磨耗损失和负荷车轮黏附砂量两项指标的要求,确定油石比。

7.2.3 编写配合比设计报告。报告应包括以下内容:
   a) 改性乳化沥青技术指标;
   b) 集料技术指标、设计级配和矿料配合比;
   c) 稀浆混合料配合比和技术指标。

8 微表处施工

8.1 一般规定

8.1.1 微表处施工应满足下列气候条件要求:
   a) 微表处施工和养生期内的气温应高于 10 ℃;
   b) 不得在雨天施工。施工过程中或施工后混合料尚未成型时遇雨,应在雨后将无法正常成型的混合料铲除;
   c) 禁止在过湿或有积水的路面上进行微表处施工。

8.1.2 微表处施工前,应对下列路面病害进行预处理:
   a) 所有龟裂病害应进行挖补;

b）裂缝宽度超过 3 mm 的横向裂缝和纵向裂缝应进行灌缝处理；

c）深度大于 10 mm 的车辙（微表处罩面施工）应进行预填充；

d）拥包、推移病害应进行冷铣刨处理；

e）路面坑槽、唧浆病害应进行填补、挖补处理。

8.1.3 微表处正式施工前，应选择合适路段进行摊铺试验，试验段长度不小于 200 m。

a）通过试验段检验沥青用量，油石比波动范围应满足设计油石比的±0.2%；

b）矿料级配不超过表 7 的级配范围和表 8 中的允许波动范围，超出范围的应重新进行混合料配合比设计；

c）通过试验段施工，确定正式施工工艺。

8.2 微表处施工

8.2.1 安全管理

微表处施工期间的安全管理遵照 JTG H30 执行。

8.2.2 施工准备

a）原路面病害处治。

必须对原路面病害进行处理，确保原有路面表面平整、清洁。

b）材料准备。

为保证实际所用的材料及材料的配合比与设计相符，在施工前必须进行材料质量检验和设计复核。

c）机械设备准备。

① 清扫设备。

微表处施工前应使路面表面保持清洁，须配备足够的清扫设备。施工前应对这些设备进行检查，并保持良好的工作状态。

② 摊铺机。

施工前应对摊铺机的计量控制系统进行严格的计量标定，标定合格后方可投入使用。

③ 压路机。

对填充车辙的微表处混合料，需进行碾压，应配备小于 12 t 的轮胎压路机。

④ 其他设备。

对用于微表处施工的其他机械设备均应进行检查，以保证微表处的施工质量。

d）交通管理与控制。

施工前，必须与当地交通管理部门取得联系，共同制定交通管制方案；必须保证施工后有足够的养护成型时间，在养护成型期内，应严禁车辆和行人进入；在交通量大的路段可考虑夜间施工。

8.2.3 放样画线

a）微表处罩面放样：根据罩面施工全宽，调整摊铺箱宽度，确定施工条数。从路缘开始放样，一般第一车均从左边开始，画出走向控制线；

b）微表处填充车辙放样：按照填充宽度，划出相应的走向控制线。双层填充宜使用一个走向控制线。

8.2.4 装料

将符合要求的集料，改性乳化沥青、填料、添加剂、水等分别装入摊铺机的相应料箱，一般应全部装满，并应保证矿料的湿度均匀一致。

8.2.5 摊铺

a) 将装好料的摊铺机开至施工起点，对准走向控制线，把摊铺器放在工作位置（牵引杆与前支点连接），调整摊铺厚度与拱度，使之满足施工要求。保持摊铺箱周边与原路面贴紧，并挂好拖布。

b) 确认各部位的控制是否准确。

c) 当稀浆混合料均匀分布在摊铺箱的全宽范围内时，启动底盘，并缓慢前行，速度为 1.5～3.0 km/h。应保持稀浆混合料摊铺量与生产量基本一致，并保持摊铺箱中稀浆混合料的体积为摊铺箱容积的 1/2 左右，摊铺箱中的混合料不能太多，防止溢出。

d) 混合料摊铺后，应立即进行人工找平，找平的重点是：起点，终点，纵、横向接缝，过厚、过薄或不平处，尤其对超大粒径矿料产生的刮痕，应尽快清除并填平。

e) 当摊铺机上任何一种材料用完时应立即关闭所有开关，让搅拌缸中的混合料搅拌均匀，并送入摊铺箱摊铺完后，即停止前进。

f) 加完料重新摊铺时，从前一车摊铺终点后退 3～4 m 处开始，使前后两次封层有一段重叠。将凸起和过稀的混合料刮除，使接茬平顺整齐。

g) 施工结束时将摊铺箱提起，将摊铺机连同摊铺箱移离摊铺点，清洁搅拌缸和摊铺箱。

8.2.6 微表处填充车辙施工要点可参照表 11 和图 2。

表 11 微表处填充车辙施工要点

车辙形态	施工方案
车辙两侧无隆起，平均深度<13 mm	单层车辙填充(1.4 m 宽)（如图 2 所示），冠状隆起 3～5 mm
车辙两侧无隆起，平均深度 13～35 mm	双层车辙填充，先摊铺 1.0 m 宽，行车碾压至少 24 h 后再摊铺 1.4 m 宽（如图 3 所示），冠状隆起 3～5 mm
车辙两侧有隆起，平均深度<13 mm	先以低于原路面 5 mm 左右为基准，对隆起部分进行精铣刨，再进行单层微表处罩面（如图 4 所示）
车辙两侧有隆起，平均深度 13～35 mm	先以原路面为基准，对隆起部分进行精铣刨，进行车辙填充 1.4 m 宽，行车碾压至少 24 小时后再进行微表处罩面（如图 5 所示）

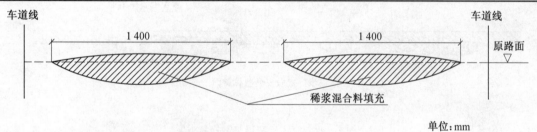

图 2 两侧无隆起单层车辙修复方案

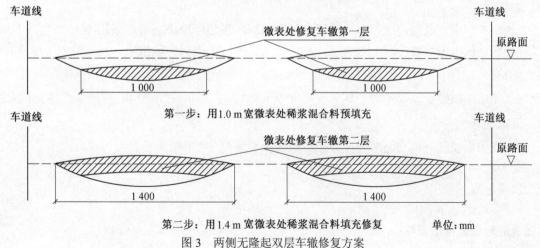

图 3 两侧无隆起双层车辙修复方案

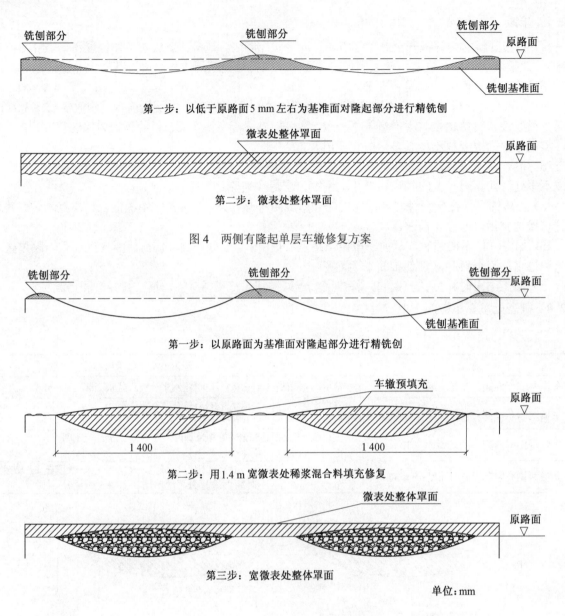

图4 两侧有隆起单层车辙修复方案

图5 两侧有隆起双层车辙修复方案

8.2.7 碾压

微表处填充车辙、硬路肩或停车场等微表处摊铺后，在强度形成之后应采用不大于12 t的轮胎压路机进行碾压，碾压遍数以1或2遍为宜，具体碾压时机应根据试验段情况和施工时的环境条件确定。

8.2.8 养护

刚施工完成的微表处，养护成型期一般不宜少于2 h，在养护成型期内，应严禁车辆和行人进入。

8.2.9 开放交通

施工完成的微表处开放交通时间在完工后不宜少于2 h，且不得少于黏聚力试验确定的时间。

9 施工质量标准

9.1 微表处施工过程质量控制

9.1.1 经设计确定的标准配合比在施工过程中不得随意变更。在生产过程中，如遇进场材料发生变化并经检测微表处混合料的矿料级配、稀浆混合料技术指标不符合要求时，应及时调整配合比，使稀浆混合料质量符合要求并保持相对稳定，必要时重新进行配合比设计。

9.1.2 施工配合比的油石比波动范围应满足设计油石比±0.2%的要求；以集料设计级配为基准，施工配合比的集料级配中各筛孔通过率不应超过表8规定的允许波动范围。当施工配合比的油石比或者集料级配的调整幅度超出上述规定时，必须尽快找出原因，进行整改。若经整改后仍超出所要求范围，必须停工，重新进行混合料设计。

9.1.3 施工过程中应对微表处进行抽样检测，抽检项目、检测频率、允许误差及检查方法按表12执行。

表12 微表处施工过程质量控制标准

检测项目	要求或允许偏差	检测频率	检查方法
稠度	适中	1次/100 m	经验法
油石比	施工配合比油石比的±5%	1次/日	三控检验法
矿料级配	满足施工配合比矿料级配要求，且不超过允许波动范围	1次/日	从矿料输送带末端取样进行筛分试验
摊铺厚度	-10%～+20%	5个断面/km	钢板尺或其他测量手段，断面中间及两侧各一点，取平均值
冠状隆起（填充车辙）	3～5 mm	1个断面/100 m	三米直尺测量
浸水1 h湿轮磨耗	不大于540 g/m²	1次/7个工作日	《微表处和稀浆封层技术指南》附录A4
外观	表面平整、密实、均匀，无刮痕，无离析，无轮迹	全线连续	目测

9.1.4 采用经验法进行稠度检验。

a）在刚摊铺的稀浆混合料上用直径10 mm左右的细棍划出一道划痕，如果划痕马上愈合，则混合料稠度偏稀，应降低用水量；如果划痕两边的材料呈松散状，则混合料过稠或已破乳；如果划痕保持2～3 s后才被周围材料覆盖，且周围材料仍有一定的流淌性，则混合料稠度合适。

b）逆光观察刚摊铺的材料表面，如果表面有大面积亮光的反光带，则混合料用水量偏大，稠度偏稀；如果表面干涩，没有反光，则混合料偏稠；如果对日光呈漫反射状态，则稠度合适。

9.1.5 采用"三控检验法"进行油石比检验（以a项为准，b、c项作为校核）。

a）摊铺前检查摊铺车料门开度和各个泵的参数设定是否与设计配比相符；单车摊铺结束后，统计记录每车的集料、填料用量和改性乳化沥青用量，计算油石比，每天一次总量校验，误差应在±0.2%以内。

b）摊铺过程中取样进行混合料抽提试验，检测取样油石比是否与设计油石比相符。

c）每完成50 000 m²左右工程量，统计一次施工用集料、填料和改性乳化沥青的实际总用量，计算摊铺混合料的平均施工油石比，和设计油石比进行比较。

9.2 微表处交工验收质量标准

9.2.1 微表处施工结束后30～60天，将全线以1～3 km作为一个评定路段进行质量检查与验收，检查项目、频率、要求及方法按表13执行。

表13 微表处交工验收质量标准

检测项目		要求或允许偏差	检测频率	检查方法
表观质量	外观	表面平整、密实、均匀，无刮痕，无离析，无轮迹	全线连续	目测
	横向接缝	对接、平顺、无泛油	每条	目测
	纵向接缝	宽度＜80 mm 不平整＜6 mm	全线连续	目测或尺量 3 m 直尺测量
	边线	任一30 m长度范围内的水平波动不超过±50 mm	全线连续	目测或尺量
抗滑性能（高速公路、一级公路）	摆值Fb（BPN）	≥45	5个点/km	T 0964
	横向力系数	≥54	全线连续	T 0965
	构造深度/mm	≥0.6	5个点/km	T 0961
渗水系数		≤10 ml/min	3个点/km	T 0971
厚度		−10%～+20%	3个点/km	钻孔或其他方法
冠状隆起（填充车辙）		3～5 mm	1个断面/100 m	3 m 直尺测量

附 录 A
（规范性附录）
旧路面调查

A.1 旧路面基本资料调查

A.1.1 收集旧路面资料，主要包括旧路面宽度、厚度、结构类型、级配、材料和施工工艺等资料。
A.1.2 养护历史调查，主要包括各种养护的原因、时间、类型、位置等。

A.2 旧路面损坏状况调查

A.2.1 按照JTG H20规定的方法对旧路面进行损坏状况调查。
A.2.2 病害调查时，应详细记录各个路面病害的位置（包括路面横向位置和纵向桩号）、类型、严重程度以及损坏长度或面积，并绘制出路面病害分布图。

A.3 旧路面强度调查

按照JTG H20规定的方法对旧路面进行结构强度调查，宜采用贝克曼梁或自动检测设备检测。自动检测时，宜采用具有可靠数据标定关系的自动化检测设备，检测结果应能换算成我国相关技术规定的回弹弯沉值。当采用自动化检测设备时，每20 m一点；当采用贝克曼梁检测时，检测点数应不少于20点/车道公里。

A.4 旧路面抗滑性能检测

按照JTG H20规定的方法对旧路面进行抗滑状况调查。路面抗滑性能宜采用基于横向力系数的路面抗滑性能检测设备或其他具有可靠数据标定关系的自动化检测设备进行检测，亦可采用近一年内相关单位的检测结果。当能够判定对旧路面是否采取养护措施不取决于路面抗滑性能时，可以不进行检测。

A.5 旧路面车辙检测

按照JTG H20规定的方法对旧路面进行车辙调查。路面车辙宜采用快速自动化检测设备进行检测；当条件不具备时，可以采用3 m直尺进行人工检测。路面车辙深度数据应以10 m为单位保存。

A.6 旧路面基层状况调查

用取芯机钻探或人工挖坑的方法对旧路面基层进行取样检测，重点调查路面有损坏的位置基层的完整性，全部掌握损坏状况、数量、位置并分析损坏原因，以便制定养护对策以及就地热再生前需挖补的位置和数量。